Renate Sültz

Renate & Uwe H. Sültz

Bücher von A bis Z

Kochgeschichte
Einst & Jetzt

ESSEN, LEBEN UND ARBEITEN IN DAMALIGEN KÜCHEN
VOM ALTEN ROM BIS HEUTE

Sültz Bücher

Zusammenfassung der Essgewohnheiten
mit Kochrezepten von Renate Sültz

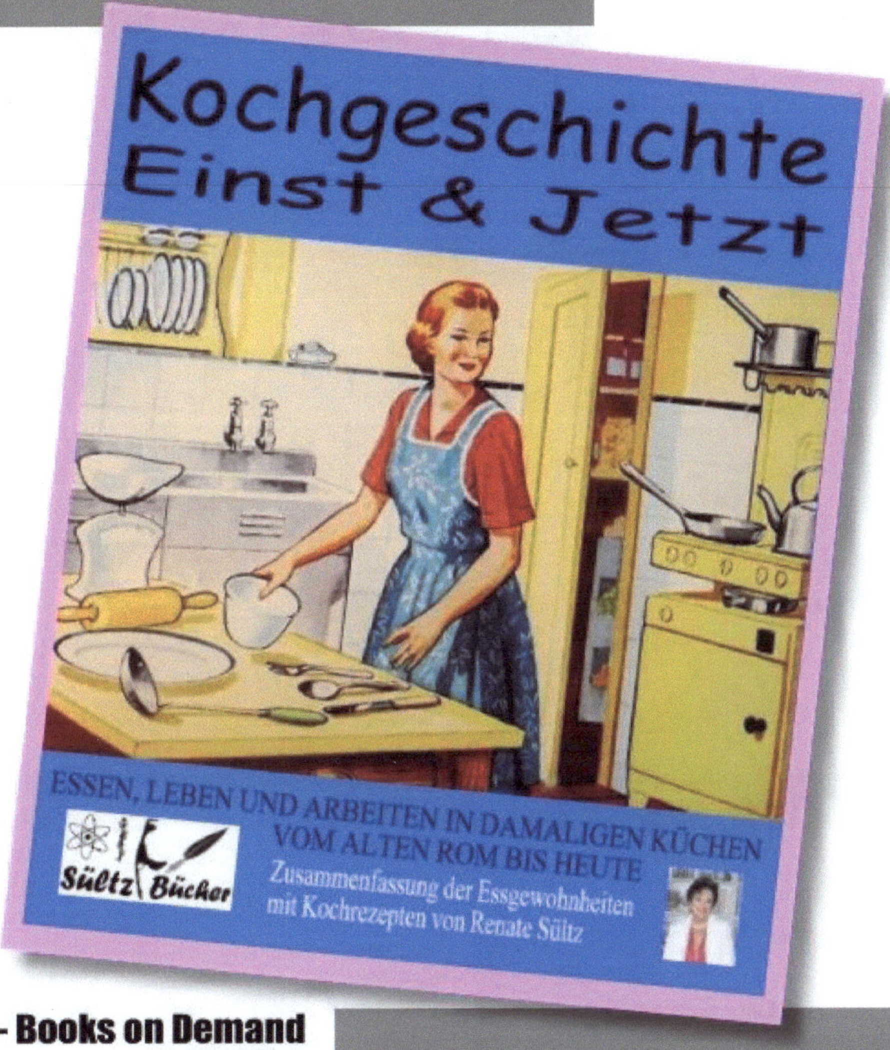

BoD - Books on Demand
Norderstedt 2021

Bibliografische Information durch die Deutsche Nationalbibliothek
Die Deutsche Nationalbibliothek verzeichnet diese Publikation in der
Deutschen Nationalbibliografie; detaillierte bibliografische Daten
sind im Internet über http://dnb.dnb.de abrufbar.

I

Anfänger-Kochbuch

Schritt für Schritt mit Wort und Bild zum leckeren Essen

Brille vergessen?
SÜLTZ' Bücher
mit der größeren Schrift!

10 Gerichte

Beginner-Kochbuch

Renate Sültz

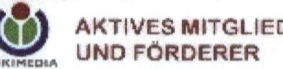

pixabay AKTIVES MITGLIED
© BY SÜLTZ
Sültz Bücher
AKTIVES MITGLIED UND FÖRDERER
WIKIMEDIA FOUNDATION
Sültz Books INTERNATIONAL

© Renate & Uwe H. Sültz
Herstellung und Verlag
BoD – Books on Demand, Norderstedt
ISBN   9-78375-3-42280-0
BoD BOOKS ON DEMAND

Irgendwo muss doch etwas übrig bleiben!!!

Versicherungen

Sind die Versicherungen überprüft? Gibt es günstigere Alternativen?

Strom Gas Wasser

Wer sich beim Strom- oder Gasanbieterwechsel nicht scheut, kann mehrere Hundert Euro pro Jahr sparen. Um einen adäquaten und plausiblen Vergleich zu erstellen, errechnet man den eigenen Verbrauch oder entnimmt die Zahlen von der letzten Jahresabschlussrechnung.

Der Wechsel geht ohne Unterbrechung der Energiezufuhr einher und bringt einige Vorteile in der Haushaltskasse.

Standby

Standby bei vielen Geräten kostet Geld! Kein AUS-Schalter vorhanden? Es gibt Zwischenstecker! Moderne Elektrogeräte verfügen über eine Standby-Funktion, die nur allzu häufig genutzt wird. Doch im Standby-Betrieb ziehen der Fernseher oder Computer Strom. Viele Geräte verfügen über einen manuellen Ausschalter, mit dessen Betätigung es vom Stromkreislauf getrennt wird und garantiert keine unnötigen Kosten verursacht.

Smart Home Haustechnik

Das Smart Home ist eine Möglichkeit, mit der sich in vielen Bereichen Geld im Haushalt sparen lässt. Da es individuell programmierbar und auf die eigenen Bedürfnisse abstimmbar ist, kann man sein Zuhause energiesparend und dabei wohnlich und immer angenehm temperiert gestalten.

Wer seine Haustechnik über das Smartphone betreibt, kann zum Beispiel beim späteren Nachhausekommen manuell für eine Abschaltung von Leuchten und Heizkörpern sorgen. Übrigens spart schon ein minimales Runterdrehen der Heizkörper, sagen wir ein, zwei Grad!

Wasserverbrauch

Tropft der Wasserhahn? Das kostet Ihre Kohle! Vor allem die Klospülung gerät in den Fokus und ist ein echter Wasserverschwender, wenn sie gedankenlos betätigt wird. Moderne Spülungen verfügen über zwei Knöpfe, die je nach Bedarf eine kleinere oder größere Menge Wasser abgeben. Wenn der Haushalt noch nicht mit einer Sparspülung ausgestattet ist, lohnt sich die Umrüstung in jedem Fall. In ältere Spülkästen lassen sich Steine hineinlegen, um Wasser zu sparen.

Auch beim Zähneputzen oder Abspülen kann man Wasser sparen, indem man die Nutzung von Fließendwasser vermeidet und mit Behältern arbeitet.

Die Bewässerung der Garten- und Balkonpflanzen kann man ganz einfach mit aufgefangenem Regenwasser vornehmen.

Hierbei spart man nicht nur Geld und schont die Umwelt, sondern kann sich in vielen Fällen auch die Anschaffung von Dünger sparen. Regenwasser liefert Nährstoffe und ist aufgrund seiner Qualität für die Bewässerung von Pflanzen besser geeignet als Leitungswasser.

Beleuchtung

Sind Sie bei der Beleuchtung schon umgestiegen? Es gibt LED!

Energie der Elektrogeräte

Heizt die Kaffeemaschine den ganzen Tag? Soll es eine neue sein?

Wer billig kauft, kauft zweimal. Bei diesem Spruch handelt es sich nicht um eine Floskel, sondern um eine nachweisbare These im Bezug auf Haushalts- und Elektrogeräte.

Es lohnt durchaus, sich bei der Anschaffung einer Kaffeemaschine oder eines Herdes, einer Mikrowelle oder Waschmaschine und beim Fernseher auf Markenqualität zu berufen. Auch wenn die Anschaffung auf den ersten Blick eine höhere Ausgabe erfordert, spart man am Ende dennoch und nutzt Geräte mit einem geringen Energieverbrauch und geringerem Verschleiß.

Waschmaschine und Trockner

Kochwäsche: Immer nötig? Und was ist mit dem Trockner?
Hier verheizt man sein Geld!

Nutzen Sie das Sharing-Prinzip

Sharing liegt voll im Trend. Hier geht es darum, dass man alles in und um einen Haushalt herum miteinander teilt. Dahinter steckt der einfache Gedanke nach einer effektiveren Nutzung von Ressourcen. Sei es das Auto, das 70 Prozent seiner Zeit nur parkt, zu viele Lebensmittel oder Bücher, die Sie nicht mehr lesen: Sie können diese Sachen mit anderen Menschen teilen. Oder vom Sharing-Prinzip selbst profitieren. So muss etwas Nahrung, die noch genießbar ist, nicht weggeworfen werden. Sie kann auch ganz ohne Kosten (bei Foodsharing) oder gegen kleinen Preis (Too Good to Go) mit allen geteilt werden. Selbst das WLAN kann man sich teilen, zum Beispiel eine Vermittlung über die Plattform https://www.wifis.org/. Teilen kann man auch Kinderwägen, Haushaltsgeräte und Kleidung beispielsweise über Fairleihen in Berlin und diverse andere Plattformen wie www.frents.com.

Sammeln Sie Punkte beim Einkauf

Punkte können Sie heutzutage überall sammeln. Natürlich ist das in erster Linie ein Hilfsmittel der Unternehmen, Sie an sich zu binden. Nicht immer sind die Angebote auch tatsächlich lohnenswert. Doch wer das Punktesammeln richtig nutzt, kann bares Geld sparen. Zunächst ist es wichtig, dass Sie wirklich nur dort Punkte sammeln, wo Sie auch regelmäßig einkaufen. Also beim Bäcker um die Ecke oder beim Supermarkt auf dem Arbeitsweg. Zudem sollten Sie das Angebot der Treueaktion stets prüfen. Gibt es beispielweise gerade ein Messerset oder Pfannen, dann einmal nachschauen, wie hoch die Qualität des jeweiligen Produktes ist. Sind Sie nicht überzeugt, müssen Sie die Punkte auch nicht einlösen. Die höhere Ersparnis versprechen Systeme, bei denen Sie mit den gesammelten Punkten direkt wieder einkaufen können.

Fahren Sie Fahrrad

Insbesondere auf kurzen Strecken lohnt sich das Fahrradfahren. Könnten Sie vielleicht sogar Ihren Arbeitsweg mit dem Fahrrad zurücklegen oder den täglichen Einkauf? Wer das Auto stehen lässt, tut nicht nur sich und der Umwelt gut, sondern spart auch bis zu einem Euro pro Tag ein. Zur Veranschaulichung eine kleine Rechnung: Der Arbeitsweg beträgt 5 Kilometer. Im Durchschnitt benötigt man dazu 30 Minuten mit dem Fahrrad. Also eine Strecke, die sowohl von der Entfernung her, als auch vom zeitlichen Aufwand machbar ist. Mit dem Auto würden Sie für den Hin- und Rückweg etwa 1 Euro bezahlen. Bei etwa 20 Arbeitstagen im Monat sind das 20 Euro, die Sie sparen können. Selbst wenn Sie nur bei schönem Wetter mit Fahrrad fahren würden, könnten Sie im Jahr 1.000 Euro sparen. Rechnen Sie nun noch die Parkkosten hinzu, sollte das doch eine große Motivation sein, mit dem Fahrrad zu fahren. Schließlich könnten Sie sich von diesem Geld einen kleinen Luxus-Urlaub gönnen.

DSL und Telefon

Hier gibt es zwei Faktoren, um Geld zu sparen. Einmal sollten Sie einen günstigen DSL-Anbieter wählen, und als zweites Router und Telefon in der Nacht ausschalten. Damit verhindern Sie auch ungebetene Anrufe mitten in der Nacht. In Notfällen kann man Sie ja immer noch über das Handy erreichen. Passen Sie auch hier bei der Anbieter-Wahl auf.

Lebensmittel

Lebensmittel werden häufig weggeworfen. Entweder werden Sie schlecht oder Sie schätzen die Menge nicht richtig ab und kochen viel zu viel.

Viele Überlegungen könnten noch aufgelistet werden!

Aber eine Ausgabe halten wir aus persönlicher Erfahrung für wichtig:

DER RAUCHMELDER! Er kann Leben retten!

Haushaltsbuch

Ein Haushaltsbuch lässt sich heutzutage unkompliziert über eine App im Alltag integrieren. Als digitales Haushaltsbuch bietet sich z.B. die feelix Finanz App an. Sie eignet sich für alle Sparfüchse, die ihr Budget im Überblick behalten möchten.

Durch das Vermerken der Ausgaben kann man am Monatsende nachrechnen, wofür man zu viel Geld ausgegeben hat und wo man im Folgemonat sparen kann. Die App führt einen Versicherungscheck durch, an dem man zudem erkennt, wo man beispielsweise überversichert ist, sodass man sich unnötige Versicherungsbeiträge sparen kann. Sie ist kostenfrei als Android- und iOS-Version herunterzuladen. Wer ein Haushaltsbuch als Buch wünscht, nimmt eines von SÜLTZ BÜCHER!

Lieferdienste

Die Pizza per Handy zu bestellen und sich nach Hause liefern zu lassen ist simpel, aber auch teuer. Wer selbst kocht und sich nur in Ausnahmefällen für einen Lieferdienst entscheidet, spart eine Menge Geld und ernährt sich obendrein gesünder.

Gleiches gilt auch für schnelle Snacks am Imbiss oder die Kantine in der Mittagspause. Die eigene Zubereitung von Lebensmitteln kostet unter dem Strich betrachtet nicht einmal die Hälfte des Preises, den man für Fertiggerichte oder den Lieferservice, für Imbissangebote oder die schnelle Pizza am Abend ausgeben muss.

Einkauf

Exotische Früchte und kilometerweit gereistes Fleisch sind teuer. Die Heimatregion hat eine Vielfalt saisonaler Produkte zu bieten und bringt Abwechslung auf den Speiseplan.

Der Einkauf einheimischer Produkte spart aber nicht nur Geld, sondern sorgt gleichzeitig für einen Aufschwung der lokalen Wirtschaft und hilft den Bauern und Herstellern im Heimatort. Das ganze Jahr über gibt es ein großes Angebot an Lebensmitteln, die regional angebaut, hergestellt und zum Beispiel in Hofläden verkauft werden.

Wer hungrig in den Supermarkt geht, kauft häufig viele unnötige Dinge ein und gibt mehr Geld aus.

Eine Einkaufsliste und eine ordentliche Mahlzeit vor dem Shopping bewahrt vor diesem Problem und sorgt dafür, dass man tatsächlich nur die wirklich benötigten Lebensmittel und Haushaltsartikel in den Warenkorb legt. Einkaufsliste:

Brot	Obst	Hundefutter
Butter	Äpfel	Katzenfutter
Margarine	Bananen	Windeln
Milch	Apfelsinen	Müllsäcke
Marmelade	Zitronen	Spülmittel
Eier	Kaffee	Waschpulver
Joghurt	Tee	Reinigungsmittel
Käse	Zucker	Taschentücher
Wurst	Sahne	WC-Papier
Schinken	Schokolade	Zahnpasta
Kartoffeln	Chips	Haftcreme
Gemüse	Sprudel	Seife
Tomaten	Bier	Kosmetik
Zwiebeln	Saft	Lippenstift
Knoblauch	Wein	Rasierwasser
Salat	Sekt	Duschbad
Pfeffer	Korn	Rasierklingen
Salz	*Blumen* _____	*Fernsehzeitung*
Olivenöl		
Essig	_____	_____
Mayonaise		
Ketchup	_____	_____
Pommes		
Mehl	_____	_____
Reis		
Müsli	_____	_____
Nudeln		
Fisch	_____	
Fleisch		*Bitte keine Kippen*
Geflügel	_____	

Ausgaben für: **Datum:** **Betrag:**

Summe der Ausgaben:

Einnahmen:

Endsumme oder Übertrag:

Ausgaben für: **Datum:**   **Betrag:**

Summe der Ausgaben:

Einnahmen:

Endsumme oder Übertrag:

Ausgaben für: **Datum:**   **Betrag:**

_____

_____

_____

_____

_____

_____

_____

_____

_____

Summe der Ausgaben: _____

Einnahmen: _____

Endsumme oder Übertrag: _____

Ausgaben für: **Datum:**   **Betrag:**

Summe der Ausgaben:

Einnahmen:

Endsumme oder Übertrag:

Ausgaben für: **Datum:**   **Betrag:**

_____

_____

_____

_____

_____

_____

_____

_____

_____

Summe der Ausgaben:

Einnahmen:

Endsumme oder Übertrag:

Ausgaben für: **Datum:**   **Betrag:**

Summe der Ausgaben:

Einnahmen:

Endsumme oder Übertrag:

Ausgaben für: **Datum:**   **Betrag:**

Summe der Ausgaben:

Einnahmen:

Endsumme oder Übertrag:

Ausgaben für: **Datum:**   **Betrag:**

Summe der Ausgaben:

Einnahmen:

Endsumme oder Übertrag:

Ausgaben für: **Datum:**   **Betrag:**

....

....

....

....

....

....

....

....

....

Summe der Ausgaben:

Einnahmen:

Endsumme oder Übertrag:

Ausgaben für: **Datum:**   **Betrag:**

Summe der Ausgaben:

Einnahmen:

Endsumme oder Übertrag:

Ausgaben für: **Datum:**   **Betrag:**

_____

_____

_____

_____

_____

_____

_____

_____

_____

Summe der Ausgaben: _____

Einnahmen: _____

Endsumme oder Übertrag: _____

Ausgaben für: **Datum:**   **Betrag:**

Summe der Ausgaben:

Einnahmen:

Endsumme oder Übertrag:

Ausgaben für: **Datum:**   **Betrag:**

....

....

....

....

....

....

....

....

....

....

Summe der Ausgaben: ....

Einnahmen: ....

Endsumme oder Übertrag: ....

Ausgaben für: **Datum:**   **Betrag:**

Summe der Ausgaben:

Einnahmen:

Endsumme oder Übertrag:

Ausgaben für: **Datum:**   **Betrag:**

_____

_____

_____

_____

_____

_____

_____

_____

_____

Summe der Ausgaben: _____

Einnahmen: _____

Endsumme oder Übertrag: _____

Ausgaben für: **Datum:**   **Betrag:**

Summe der Ausgaben:

Einnahmen:

Endsumme oder Übertrag:

Ausgaben für: **Datum:** **Betrag:**

Summe der Ausgaben:

Einnahmen:

Endsumme oder Übertrag:

Ausgaben für: **Datum:**   **Betrag:**

Summe der Ausgaben:

Einnahmen:

Endsumme oder Übertrag:

Ausgaben für: **Datum:**   **Betrag:**

_____

_____

_____

_____

_____

_____

_____

_____

_____

Summe der Ausgaben: _____

Einnahmen: _____

Endsumme oder Übertrag: _____

Ausgaben für: **Datum:**   **Betrag:**

Summe der Ausgaben:

Einnahmen:

Endsumme oder Übertrag:

Ausgaben für: **Datum:**   **Betrag:**

_____

_____

_____

_____

_____

_____

_____

_____

Summe der Ausgaben: _____

Einnahmen: _____

Endsumme oder Übertrag: _____

Ausgaben für: **Datum:** **Betrag:**

Summe der Ausgaben:

Einnahmen:

Endsumme oder Übertrag:

Ausgaben für: **Datum:**   **Betrag:**

Summe der Ausgaben:

Einnahmen:

Endsumme oder Übertrag:

Ausgaben für: **Datum:**   **Betrag:**

_____

_____

_____

_____

_____

_____

_____

_____

_____

_____

Summe der Ausgaben: _____

Einnahmen: _____

Endsumme oder Übertrag: _____

Ausgaben für: **Datum:**   **Betrag:**

Summe der Ausgaben:

Einnahmen:

Endsumme oder Übertrag:

Ausgaben für: **Datum:**   **Betrag:**

Summe der Ausgaben:

Einnahmen:

Endsumme oder Übertrag:

Ausgaben für: **Datum:** **Betrag:**

_____

_____

_____

_____

_____

_____

_____

_____

_____

Summe der Ausgaben:

_____

Einnahmen:

_____

Endsumme oder Übertrag:

_____

Ausgaben für: **Datum:**   **Betrag:**

Summe der Ausgaben:

Einnahmen:

Endsumme oder Übertrag:

Ausgaben für: **Datum:**   **Betrag:**

....

....

....

....

....

....

....

....

....

....

....

Summe der Ausgaben: ....

Einnahmen: ....

Endsumme oder Übertrag: ....

Ausgaben für: **Datum:**   **Betrag:**

Summe der Ausgaben:

Einnahmen:

Endsumme oder Übertrag:

Ausgaben für: **Datum:**   **Betrag:**

_____

_____

_____

_____

_____

_____

_____

_____

_____

_____

Summe der Ausgaben:

Einnahmen:

Endsumme oder Übertrag:

Ausgaben für: **Datum:**   **Betrag:**

Summe der Ausgaben:

Einnahmen:

Endsumme oder Übertrag:

Ausgaben für: **Datum:**   **Betrag:**

_____

_____

_____

_____

_____

_____

_____

_____

_____

_____

Summe der Ausgaben: _____

Einnahmen: _____

Endsumme oder Übertrag: _____

Ausgaben für: **Datum:**   **Betrag:**

Summe der Ausgaben:

Einnahmen:

Endsumme oder Übertrag:

Ausgaben für: **Datum:**   **Betrag:**

_____

_____

_____

_____

_____

_____

_____

_____

_____

Summe der Ausgaben:

_____

Einnahmen:

_____

Endsumme oder Übertrag:

_____

Ausgaben für: **Datum:**   **Betrag:**

....

....

....

....

....

....

....

....

....

Summe der Ausgaben:
                                                        ....

Einnahmen:
                                                        ....

Endsumme oder Übertrag:
                                                        ....

Ausgaben für: **Datum:** **Betrag:**

_____

_____

_____

_____

_____

_____

_____

_____

Summe der Ausgaben: _____

Einnahmen: _____

Endsumme oder Übertrag: _____

Ausgaben für: **Datum:** **Betrag:**

Summe der Ausgaben:

Einnahmen:

Endsumme oder Übertrag:

Ausgaben für: **Datum:**   **Betrag:**

_____

_____

_____

_____

_____

_____

_____

_____

_____

_____

Summe der Ausgaben:

                                                    _____

Einnahmen:

                                                    _____

Endsumme oder Übertrag: _____

Ausgaben für: **Datum:** **Betrag:**

_____

_____

_____

_____

_____

_____

_____

_____

_____

_____

Summe der Ausgaben: _____

Einnahmen: _____

Endsumme oder Übertrag: _____

Ausgaben für: **Datum:** **Betrag:**

Summe der Ausgaben:

Einnahmen:

Endsumme oder Übertrag:

Ausgaben für: **Datum:**   **Betrag:**

Summe der Ausgaben:

Einnahmen:

Endsumme oder Übertrag:

Ausgaben für: **Datum:**   **Betrag:**

Summe der Ausgaben:

Einnahmen:

Endsumme oder Übertrag:

Ausgaben für: **Datum:**   **Betrag:**

Summe der Ausgaben:

Einnahmen:

Endsumme oder Übertrag:

Ausgaben für: **Datum:**   **Betrag:**

_____

_____

_____

_____

_____

_____

_____

_____

_____

_____

Summe der Ausgaben: _____

Einnahmen: _____

Endsumme oder Übertrag: _____

Ausgaben für: **Datum:**   **Betrag:**

Summe der Ausgaben:

Einnahmen:

Endsumme oder Übertrag:

Ausgaben für: **Datum:**   **Betrag:**

_____

_____

_____

_____

_____

_____

_____

_____

_____

_____

_____

_____

Summe der Ausgaben: _____

Einnahmen: _____

Endsumme oder Übertrag: _____

Ausgaben für: **Datum:**   **Betrag:**

Summe der Ausgaben:

Einnahmen:

Endsumme oder Übertrag:

Ausgaben für: **Datum:**   **Betrag:**

_____

_____

_____

_____

_____

_____

_____

_____

_____

Summe der Ausgaben: _____

Einnahmen: _____

Endsumme oder Übertrag: _____

Ausgaben für: **Datum:**   **Betrag:**

Summe der Ausgaben:

Einnahmen:

Endsumme oder Übertrag:

Ausgaben für: **Datum:**   **Betrag:**

_____

_____

_____

_____

_____

_____

_____

_____

_____

Summe der Ausgaben:
                                              _____

Einnahmen:
                                              _____

Endsumme oder Übertrag: _____

Ausgaben für: **Datum:**   **Betrag:**

Summe der Ausgaben:

Einnahmen:

Endsumme oder Übertrag:

Ausgaben für: **Datum:**   **Betrag:**

Summe der Ausgaben:

Einnahmen:

Endsumme oder Übertrag:

Ausgaben für: **Datum:**   **Betrag:**

Summe der Ausgaben:

Einnahmen:

Endsumme oder Übertrag:

Ausgaben für: **Datum:** **Betrag:**

_____

_____

_____

_____

_____

_____

_____

_____

_____

Summe der Ausgaben: _____

Einnahmen: _____

Endsumme oder Übertrag: _____

Ausgaben für: **Datum:** **Betrag:**

Summe der Ausgaben:

Einnahmen:

Endsumme oder Übertrag:

Ausgaben für: **Datum:**   **Betrag:**

Summe der Ausgaben:

Einnahmen:

Endsumme oder Übertrag:

Ausgaben für: **Datum:**   **Betrag:**

Summe der Ausgaben:

Einnahmen:

Endsumme oder Übertrag:

Ausgaben für: **Datum:**   **Betrag:**

Summe der Ausgaben:

Einnahmen:

Endsumme oder Übertrag:

Ausgaben für: **Datum:**   **Betrag:**

Summe der Ausgaben:

Einnahmen:

Endsumme oder Übertrag:

Ausgaben für: **Datum:** **Betrag:**

Summe der Ausgaben:

Einnahmen:

Endsumme oder Übertrag:

Ausgaben für: **Datum:** **Betrag:**

Summe der Ausgaben:

Einnahmen:

Endsumme oder Übertrag:

Ausgaben für:　　　　　　　　　　**Datum:**　　　**Betrag:**

_____

_____

_____

_____

_____

_____

_____

_____

_____

_____

Summe der Ausgaben:　　　　　　　　　　_____

Einnahmen:　　　　　　　　　　　　　　_____

Endsumme oder Übertrag:　　　　　　　_____

Ausgaben für: **Datum:**   **Betrag:**

Summe der Ausgaben:

Einnahmen:

Endsumme oder Übertrag:

Ausgaben für: **Datum:**   **Betrag:**

Summe der Ausgaben:

Einnahmen:

Endsumme oder Übertrag:

Ausgaben für: **Datum:**   **Betrag:**

_____

_____

_____

_____

_____

_____

_____

_____

_____

Summe der Ausgaben:

Einnahmen:

Endsumme oder Übertrag:

Ausgaben für: **Datum:**   **Betrag:**

_____

_____

_____

_____

_____

_____

_____

_____

_____

_____

_____

Summe der Ausgaben:

                                         _____

Einnahmen:

                                         _____

Endsumme oder Übertrag: _____

Ausgaben für: **Datum:**   **Betrag:**

Summe der Ausgaben:

Einnahmen:

Endsumme oder Übertrag:

Ausgaben für: **Datum:**   **Betrag:**

_____

_____

_____

_____

_____

_____

_____

_____

_____

_____

Summe der Ausgaben: _____

Einnahmen: _____

Endsumme oder Übertrag: _____

Ausgaben für: **Datum:**   **Betrag:**

_____

_____

_____

_____

_____

_____

_____

_____

_____

Summe der Ausgaben:

                                                    _____

Einnahmen:

                                                    _____

Endsumme oder Übertrag: _____

Ausgaben für: **Datum:** **Betrag:**

Summe der Ausgaben:

Einnahmen:

Endsumme oder Übertrag:

Ausgaben für: **Datum:**   **Betrag:**

Summe der Ausgaben:

Einnahmen:

Endsumme oder Übertrag: